咱们为什么要创新

写给技术工人的十二封信

高凤林◎著

WHY SHOULD WE INNOVATE

12 LETTERS TO SKILLED WORKERS

中国工人出版社

图书在版编目（CIP）数据

咱们为什么要创新：写给技术工人的十二封信／高凤林著.
--北京：中国工人出版社，2020.9
ISBN 978-7-5008-7472-0

Ⅰ.①咱… Ⅱ.①高… Ⅲ.①技术革新—基本知识—中国 Ⅳ.①F062.4

中国版本图书馆CIP数据核字（2020）第166589号

咱们为什么要创新：写给技术工人的十二封信

出 版 人　王娇萍
责任编辑　李素素　李思妍
责任印制　栾征宇
出版发行　中国工人出版社
地　　址　北京市东城区鼓楼外大街45号　邮编：100120
网　　址　http://www.wp-china.com
电　　话　（010）62005043（总编室）
　　　　　（010）62005039（印制管理中心）
　　　　　（010）82075935（职工教育分社）
发行热线　（010）62005996　82029051
经　　销　各地书店
印　　刷　三河市东方印刷有限公司
开　　本　787毫米×1092毫米　1/32
印　　张　4.625
字　　数　55千字
版　　次　2020年10月第1版　2023年9月第3次印刷
定　　价　28.00元

目录

第一封信 01

正是“学习”与“创新”改变了我的命运

亲爱的龚晓新：

很高兴能够收到你的来信。作为一名产业工人，今天是我们的节日——五一劳动节。在这个特殊的日子里，收到你的来信，并听你诉说了自己的经历和身边的趣事，我感到很荣幸。细心翻看信件，信中你谈到自己刚刚进入工厂，成了一名最基层的技术工人。你为新的工作和岗位感到欣喜，也感到不安。

你说，你来自一个并不富裕的家庭。你说，不知道如何让自己变得更好。你说，不知道怎样才能不负韶华。我不知道你的姓名，且用“龚晓新”这个名字称呼你和你的同伴们吧。

感谢你能向我吐露心声，作为一名老技术工人，我也愿意成为你的知心朋友。希望我的些许经历和一些粗浅的见识，能够给你一些启示和借鉴。

那么，就先说说我的故事吧。我出生在一个工人家庭，父母都是普通工人。5 岁的时候，父亲就早早离开了我们。母亲的身体也不好，一直含辛茹苦地拉扯着我们兄弟 4 人。由于家境窘迫，我上小学和中学时候的学费有时还是母亲单位组织上给交的。这也让我时刻牢记，是党和国家培养了我。

在我 8 岁那年，我国第一颗人造地球卫星——东方红一号发射成功。记得那一天，母亲很晚才下班回来，可一回到家她就兴冲冲地把我们弟兄拉到街上。母亲指着天上那颗星星说："看，快看哪！那就是我们国家放上去的卫星。"这时街上的喇叭已传出东方红的乐曲声，我不解地问："卫星是怎么放上去的？"母亲茫然了，但马上摸着我的脑袋说："快快长大吧，长大了你就知道了。"这以后我们又看到过几次卫星上天，每次母亲都十分兴奋。

直到长大后，我才明白母亲的喜悦和兴奋是一种民族自豪感的流露。因为卫星发射成功是中华民族智慧的象征，而我在母亲的感染下，对航天也产生了强烈的好奇。

中学毕业后，我便报考了“七机部”技校。“七机部”是我国早先航天工业部门的简称。两年的技校学习，使我对航天有了初步了解。特别是在火箭发动机车间实习期间，焊接工段长、新中国第一代氩弧焊工，给我们讲中国航天艰难的创业发展历程，讲 25 天生产完成 25 台发动机，讲产品成败的深远影响，讲党和国家对航天事业的关怀和鼓励……从中，我体验到了自身职业的艰辛与伟大。

其实，每一位技术工人所在的领域，在近几十年都经历了艰辛的磨砺和不断地发展，并取得了一定的成就。是什么改变了这些领域的面貌，促进了技术工人们能力和素质的提升？我觉得是知识和创新。

就个人而言，只有掌握知识和技能，不断提升，才能让自己变得更加优秀。在技校学习期间，我在火箭发动机车间实习，就像进入了知识和技能的海洋，被一种无形的力量推动着，加倍努力、加倍刻苦，希望有一天能够成为他们当中合格的一员。实习结束时，我被评为了“三好学生”。

毕业分配时，起初我并没有被分到发动机车间。车间党支部书记、焊接工段工段长、班组长硬是找有关部门把我要了回去。这令我倍加感动、珍惜这来之不易的机会。

那一天，我怀着激动的心情到车间报到，党支部书记的谆谆嘱托使我至今难以忘怀。他说：“我们看你小子是块材料！航天事业的发展需要像你这样的年轻人。你一定要努力，不要辜负了我们的期望！”从那时起，我就暗下决心，一定要干出个样来。

就这样，在技校的学习和实用技能的磨炼提升，改变了我的命运——让我从一名技校学生成为了火箭发动机车间的焊工。

进了企业，职业生涯才算开始。而要真正变成技术工人队伍中合格的一员，我也经历了一段艰辛的磨砺期。刚参加工作的前一两年，为了掌握过硬的技术，我一面虚心向老师傅求教，一面勤学苦练焊接技术。就连吃饭时，也拿筷子练习送焊丝的动作；喝水时，端着盛满水的缸子练手持焊枪的稳定性；休息时，举着铁块练耐力，冒着高温观察铁水的流动规律。母亲和朋友见到“走火入魔”的我，都拿我开玩笑。

也正是在这段时间，先后有多位经验丰富的师父带着我，教我相关技术。这让我师出多门，汲取了各家之长，为今后的成长打下了坚实的基础。

说句心里话，正是师父们的悉心教导和大胆鼓励，让我有了一些新想法，并付诸实践。

1983 年，我被评为厂优秀团员，并成为车间唯一一名荣立了首都航天机械有限公司 331 工程三等功的青年。

1984 年，我被抽调到车间民品工段，参与大型真空炉的研制。大型真空炉是填补我国热处理工业空白的一种产品。很长一段时间里，只有日、美等少数工业发达国家能生产。经过刻苦钻研，在广大科技人员和工人师傅的艰苦努力下，我国终于研制出了这一系列产品，但由于效率不高，无法满足国内外市场的大量需求。其中，有一项焊接技术难题亟待破解。以前的方法是师傅们用放大样做实物来进行生产。有时，一个实物需反复做才能连接在炉上。这样既费时费力，还加大了原材料的消耗。

我虚心向师傅们学习了放大样的技术后，觉得应该还会有更先进的操作方法，于是有了自己的“新想法”。顺着电影《青年鲁班》带来的思路，我运用平时积累的知识，经过反复的试验和摸索，在征得师傅的同意后，人生中第一次向传统的生产工艺发起了挑战。

在师傅们略带疑惑的目光中，我仅用了 3 个多小时就完成了以前通常要用两至三天才能完成的焊接组装任务。领导和师傅们看在眼里，喜在心上，连说：“好样的，好样的！”

随后，领导鼓励我和其他同事共同钻研、不断完善这项新的生产工艺。1985年，全车间37名一线工人一下就完成了45台真空炉的生产任务。其中，我和另一名青年同志提前一个月完成了真空、液压、充气三大系统的焊接组装任务，提高工效5倍以上，节约原材料50%。这在当时，每年仅原材料一项就可节约资金70万元左右。

更让我没有想到的是，为了鼓励我的成长，在车间师傅们的大力推荐下，单位领导把青年中唯一一个晋级名额给了我，这让我倍感温暖。

是啊，回想起这段珍贵的经历，真是感慨万千。而创新作为引领发展的第一动力，在之后的几十年里，不时激励着我敢于冒出“新想法”，敢于发起“新冲锋”。如今，我依旧保持着读书的习惯。因为要应对新技术新问题，我必须逼迫自己持续进步，这也让我收获了中华技能大奖、全国五一劳动奖章、首次月球探测工程突出贡献者等荣誉。

现在我还是一名焊工，每天还是跟焊枪、焊件（或焊帽）打交道。我想，你和我一样，有着大同小异的工作环境，有着大同小异的学习或者生活的背景。作为一个入职不久的技术工人，如果我没有猜错的话，你每天也在自己的岗位上如我一样挥洒着汗水。这是我们之间的第一封信，相识相知就从此刻开始。从这一刻起，让我们都来珍惜知识和学习，重视努力和创新，并用它们改变我们的生活和工作。

这次就写到这里吧。祝你生活顺利！

你的朋友 高凤林

2019 年 5 月 1 日

第二封信 02

创新是引领发展的“第一动力”

亲爱的龚晓新：

人生就像是一条出海的帆船，在远行的冒险里你我都不知道会有着怎样的境遇。我们的相遇、通信，或许会为这段旅程增添些许精彩与回味。

你说，上一封信中提到的“知识”和“创新”两个关键词，引起了工友们的共鸣。你说，大家都普遍认同知识和学习的重要性，但对于“什么是创新？为什么要创新？不创新又能怎样……”依旧有不少人感到疑惑。

于是，带着你们的疑问，我也开始思考，并尝试着来回答这些问题。

创新是什么？我查了一下《现代汉语词典》，意思是“抛开旧的，创造新的。”这是创新的精确定义吗？我觉得不是，至少不准确。正如爱、美丽以及人世间所有美好的情感很难被定义一样，我们恐怕也很难精确定义“创新”。不过，我得出了一个让自己信服的结论：创新，只有向着更远处思考和实践，才是正确的态度。

老话讲，做人做事，都要向前看。我想，干工作、搞创新，也是如此。需要我们向前看、往前走，不墨守成规、不固步自封。

至于为什么要创新？不创新又会怎么样？古今中外，经验教训实在太多了。我曾经读过一篇关于企业发展的报道。报道中有这样一则案例：美国著名的商业杂志《福布斯》在1917年创刊时曾刊登了美国的100强公司，70年之后的1987年，这100家公司中仅有39家幸存，仍在榜单上的仅有18家，有61家企业或破产，或被兼并，或消失。而在这仅存的18家企业当中，截至现在还存活的仅剩8家，包括通用电气、通用汽车、宝洁、福特、花旗等。

而世界权威金融分析机构标准普尔评选的500强企业的平均寿命也由20世纪的67年降到21世纪的15年。美国著名学府巴布森商学院的一项研究更加令人错愕：10年内现有的顶级公司将会有超过40%不复存在。

是什么导致了绝大多数企业的消失？有研究表明，是竞争者的不断出现，是更新更快更强生产工艺的应用，是科技生产力的提升。当然，更重要的是，大多数企业的脚步没有跟上时代发展的步伐——“创新不足，只是走得慢了些！”

商业竞争的结果就是你死我活、成王败寇。而国家之间的竞争呢？“落后就要挨打”的历史教训我们要时刻铭记于心。

每一个中国人都不会忘记：中国近代史是中华民族历史上最屈辱的一段历史，山河破碎，任人宰割，中华儿女遭受了惨痛的灾难。

与此同时，欧洲在肇始于 14 世纪的文艺复兴中逐渐走出了中世纪的黑暗，并于 18 世纪首先在英国发生了工业革命，之后人均收入实现了快速增长。后来，又经历了第二次工业革命和第三次工业革命，西方国家远远领先于世界其他国家，并占据着世界舞台的中央位置。

反观中国，整个近代史上经济一直停滞不前，人均国内生产总值在 1820—1952 年不断下降，同期国内生产总值占世界的比重从 32.4% 下滑至 5.2%。积贫积弱的现实也导致中国遭遇了近百年的被西方列强瓜分、压迫的屈辱历史。

可以说，当时西方的崛起和中国的衰落形成了鲜明的对比。在 100 多年前，德国著名学者马克斯・韦伯就曾提出疑问：为什么工业革命首先发生在英国，而没有发生在很早就孕育出资本主义萌芽的中国？几十年之后，英国著名科技史学家李约瑟给出了答案：原因正是中国科技与创新的落后。

正是因为科技的落后、创新能力的不足，让亿万国人领会到了"落后就要挨打"的道理。于是，新中国成立以来，尤其是改革开放以来，我们对于科技创新的作用无比珍视。从"科技是第一生产力"到"科教兴国"，再到"高度重视科技创新、核心技术"，数十年来，我们走出了一条属于自己的创新发展道路。

也正是在建设这条道路的过程中，"科学的春天"始终在祖国的天空上播撒阳光："两弹一星"、多复变函数论、陆相成油理论、人工合成牛胰岛素等成就；高温超导、中微子物理、量子反常霍尔效应、纳米科技、干细胞研究、人类基因组测序等基础科学突破；超级杂交水稻、汉字激光照排、高性能计算机、三峡工程、载人航天、探月工程、移动通信、量子通信、北斗导航、载人深潜、高速铁路、航空母舰等科学技术成果。它们的一次次闪亮登场，也昭示着创新发展新中国的一步步崛起。

2019 年是新中国成立 70 周年。可以说，70 年来的科技创新，为我国经济社会发展提供了有力的支撑，为国防安全作出了历史性贡献，也为我国成为一个有世界影响力的大国奠定了重要基础。

你知道，我是航天科技集团的一名特种熔融焊接工。自 20 世纪 80 年代起，我就开始参与我国的一些航天项目。可以说，我国航天事业的发展经历了从一穷二白到发愤图强成为世界航天强国的传奇历程。作为国家航天事业当中的一名基层员工，我参与了长三甲系列运载火箭、长征五号运载火箭等项目的焊接工作。几十年积累下来，大约有 90 多发火箭我都亲手摸过、焊接过，这个数字占我国火箭发射总数的近四成。我国长三甲系列运载火箭、长征五号运载火箭的第一颗"心脏"，也就是氢氧发动机喷管，都在我的手中诞生。每当说起这些，我都无比的自豪——为国家巨大的科技创新成就而自豪，为自己有幸成为中国航天人而自豪。

哲学家说，世界上唯一不变的是变化。

美国《时代》杂志的编辑比尔·萨波里托曾尖锐地指出：“或者创新，或者消亡。尤其是在技术推动型产业，再也没有比成功消失得更快的了。”科技创新领域，并非始终“强者愈强、弱者愈弱”，而是以创意创新取胜。你和我都是一线的技术工人，对此恐怕也有切身的体会。

就国家而言，创新梦更是中国梦的重要组成部分。“我国科技创新基础还不牢，自主创新特别是原创力还不强，关键领域核心技术受制于人的格局还没有从根本上改变。不能总是用别人的昨天来装扮自己的明天。不能总是指望依赖他人的科技成果来提高自己的科技水平，更不能做其他国家的技术附庸，永远跟在别人的后面亦步亦趋。我们没有别的选择，非走自主创新道路不可。”这是 2014 年 6 月，习近平总书记在中国科学院第十七次院士大会、中国工程院第十二次院士大会上发表重要讲话指出的。

最后，还是让我们回到最初的话题：为什么要创新？不创新会怎么样？我想，你心中应该有了答案。创新是引领发展的“第一动力”！

我想，不管是对于个人、企业，还是对于国家，做事情、干事业都要向着更远处思考和实践，创新发展是无法回避也不能回避的现实。“苟日新，又日新，日日新。”愿你我，以及我们的国家，都有一个创新的、变化的、进取的未来！

祝工作顺利。

你的朋友 高凤林

2019年6月10日

第三封信 03

勤奋和敬业是创新的“助推器”

亲爱的龚晓新：

非常高兴能听到你在信里讲述工会活动给你带来的快乐和帮助。近期，你们进行了关于爱国敬业的系列活动。你说，活动中的培训、参观、互动都让你对自身的职业、岗位乃至努力的方向有了新的认识。

那么，今天我们也来谈一谈勤奋、敬业与创新的关系这样一个话题。

我认为，勤奋、敬业、创新三者都缺一不可。而且，勤奋和敬业还是创新的催化剂和助推力。在现实的工作中，我们也能够看到很多人勤奋敬业、精益求精，进而实现“创新发展、质的飞跃”的案例。

你知道，我是一名焊接工人。因此对本行业里优秀的年轻人也格外关注。我就认识这样一位特殊的女性电焊工。她勤奋敬业、敢打敢拼的故事，更印证了我对勤奋、敬业、创新三者之间关系的看法。她的名字叫易冉，是一名出生于 1982 年的女性电焊班班长，在中车长江车辆有限公司株洲分公司组装车间工作，被誉为“中国电焊花木兰”。

我们一起来看看她的故事：15 岁时，易冉跟很多人一样，听从父母的安排，进入技校学习焊接。在此之前，她甚至不知道电焊是什么。她曾经告诉我，“第一次上课时，自己都被吓坏啦。”但是，这并没有打击到她，反而激发了她的斗志和兴趣。18 岁时，她进入企业，勤奋刻苦跟着师父学习，敬业认真的态度受到高度认可。随后，取得诸多工作成绩。21 岁时，她成为该企业仅有的三名“电焊金星”之一；26 岁时，又成为了当时最年轻的高级电焊师。

作为一位女电焊工，易冉凭借精湛的电焊技艺让外国同行刮目相看。2011 年 10 月，她和其他 3 位男同事赴德国参加国际焊接比赛。在德国，没有女子从事电焊职业。因此，当赛场上出现了一个柔弱的中国女子，德国的同行们一时间感到非常惊讶。更加令他们意想不到的是：易冉的出色表现，让比赛组委会专门为她颁发了唯一的“特别奖”。而且，她参赛的立焊、平焊板作品还获德国 DVS 证书，并被公开展示。

于是，年轻的她成为了其所在行业里的权威。先后主持、参与了出口澳大利亚的世界载重最大、可无线遥控卸砟的石砟漏斗车，出口阿联酋的综合技术性能国际领先的硫黄漏斗车等 30 多种重载高速货车的试制。

回顾易冉的成长历程，勤奋、敬业是她无可争议的品格。同时，勤奋和敬业又不断推动着她在新的工作实践和现实难题中敢打敢拼。工作中，她独创了诸多操作方法和生产工艺，在保障生产质量的同时还提高了焊接效率。特别值得一提的是，她的部分创新成果已经被申请为发明专利了。

显然，好的工作习惯和工作态度，能够影响整个职业生涯。任何人在创新上的成功都不是偶然的。他们都付出了超出常人的努力，他们的身上永远闪耀着勤劳、敬业的光辉，实现了“由量变到质变”的飞跃。

作为一名“中国航天人”，我为中国航天事业自主研发、从无到有、从弱到强的发展历程感到自豪和骄傲。同时，我也亲历了许多阶段的艰难发展。我曾有多位师父，师父们用行动教会了我一句话：勤奋努力、爱岗敬业。只有干一行、爱一行，才能不断积累经验，不断学习进步，变得“不可替代”。

年轻时候的我，焊接技能不够过硬，就利用一切机会来提升自己。比如，用筷子吃饭时，练习送焊丝；端起水缸子喝水时，练习拿焊枪的稳定性；休息的时候，举着铁块练习耐力……我跟爱人谈恋爱、结婚的那段时间，正赶上技术攻关。我整天忙碌在操作间和生产岗位上，同事们还曾给我起过一个“外号”——“和产品结婚的人”。现在回想起来，青春年少时的拼搏进取、不轻言败，是我一生的财富。

焊接火箭发动机对技师的要求非常严苛。因为有时候仅仅因为一个细小的问题都可以导致火箭在飞行过程中轰然解体。所以，敬业心、精益求精，对于我和我的同事们而言，都是必备的素质。我们在工作中也时常拿一些失败的案例警示自己，勉励自己。

同时，跟很多行业一样，我们的操作环境也比较差。尤其是在设备内部操作时，技师必须进入狭小的空间作业，工作难度和工作强度都很大。任务紧急的时候，加班加点、挑灯夜战也是常事。也正是这样的工作磨砺，将我们拧成了一股绳，攻克了 200 多项技术难关。

其实，回顾中国航天事业的辉煌历程，正是勤奋和敬业的品质推动着一代又一代的航天人，在现实困境中拼搏，在冲破瓶颈中坚守，在一个又一个高峰上发起新的冲锋，不断创新发展，实现飞跃式的发展。而我非常有幸成为这个大家庭中的一员，发挥着自己的光和热，实现着自己的人生价值。

古人曾言：业精于勤，荒于嬉；行成于思，毁于随。我想，勤劳和敬业就像是一双无形的大手，推动着易冉和许许多多的先进职工、劳动模范们不断向前、不断去探索创造！

进一步追问：你和我，和易冉，有太多本质的不同吗？我想并没有。因此，勤奋、敬业、创新，也应该成为你的职业“必选项”。近年来，国家对于“创新型国家”建设的步伐日益加快。于你我所从事的产业而言，乘风破浪、自主研发是时代所需，更是时代使命。

新目标、新征程；新奋斗、新成就。只有不畏攀登的采药者，只有不怕巨浪的弄潮儿，才能登上高峰采得仙草，才能深入水底觅得骊珠！审视你的工作和生活：你的身边有勤奋敬业、勇于创新的同事和朋友吗？你会是攀登高峰的另一个他吗？让我们向他们学习，向他们看齐，做一个新的自己！

祝工作顺利。希望能继续收到你的来信。

你的朋友 高凤林

2019年7月6日

荣誉证书

创新
勤奋
敬业

第四封信 04

技术工人，带着“问题意识”去创新

亲爱的龚晓新：

最近，我的生活和工作有些忙碌，很久没有给你写信了。我不知道你是不是党员。前几天7月1日，是党的生日。我作为一名老党员、老技术工人，在党组织和工会的安排下，给新党员、入党积极分子、新职工代表们讲了一堂党课。

党课上，我回顾了自己的一些亲身经历，讲述了我身边发生的一些党员故事。我和大家都很激动，深受党的精神的影响。想必，最近你也参加了这些活动。希望你能写信告诉我自己的感受，告诉我你身边发生的故事。

上一封你的来信，我也已经收到。在一个静悄悄的深夜，我细细地读了信件。你在信里提到了一个疑问：“创新应该是工程师、科学家的事情，跟我们技术工人关系不大吧？”其实，这是一个误解。随着科技越来越发达，工业体系越来越复杂，制造产业的流程越来越精细化，科研、制造、生产的每一个环节都需要创新的力量，每一个步骤都无可替代。尤其在生产领域，技术工人的创新甚至比科研领域的创新更直接地影响着产品最终的生产效率和生产质量。

在我看来，创新就是要去解决问题。现有的手段、设备、工艺等都没有办法解决问题，我们就要创造新的办法、新的设备、新的工艺，这就是创新。因此，在工作中，我们应该带着“问题意识”去创新，围绕问题找方法、搞突破。

拿我的亲身经历说一说吧。有一年，我接到一项生产任务，对某型号发动机的相关组件进行焊接。这项任务的工作难度特别大，原有产品的生产合格率仅有 29%。按照国家和企业的相关安排，半年内，必须生产出大批量的、质量合格的该型号发动机关键组件。时间紧、任务重、生产合格率还低，我心里十分着急。心里盘算着，按照现有技术，即便自己和工友们加班加点连轴转也难以完成生产任务。怎么办？只能寻找新的焊接方法。

我想首先要从寻找问题入手，研究到底哪里是瓶颈，困扰生产进度的技术问题出在哪里。找准了问题，也就有了“敌人”和“战场”。我要做的就是在这个战场上消灭这个敌人，赢得最终的胜利。要知道，抓住主要矛盾，才是解决问题的关键。

于是，我开始寻找相关专家、翻阅国内外相关研究资料进行研究。随后，认定了问题的所在和目标，我带着工友们在操作间里进行试验。在 20 多平方米的操作间，我们试验了上百次。对比材料、厘清试验的效果，并有针对性地从环境、温度、操作、控制等多方面反复改进、反复试验。终于，我们摸索出了一种新的焊接加工工艺。而这一工艺最终使该产品的合格率达到了 97%。

搞创新、创突破，首先应当具备的就是问题意识。简单点儿说，就是要搞清楚问题出在哪儿。不能事无巨细、胡子眉毛一把抓，而应该根据实际问题，根据影响问题化解的关键部位“集中发力”。只有如此，才有可能尝试出新工艺、新路径、新举措。

我再告诉你一个秘密吧。刚进入技校时，我的愿望是开大机床，而焊接看起来“太普通”，因此我学得不认真、成绩自然很差。直到几个月后，老师带我们去工厂参观，在航天发动机车间，我遇到了师父陈继凤。师父告诉我，焊接对工人的素质要求最高，一要稳定，二重协调，三靠悟性。尤其是氩弧焊工，有“金手”之称。“培养这样一位焊工不亚于培养一个战斗机飞行员。”这次参观后，我对技术工人的作用和能力有了新的认识，便加倍努力。

当我真正进入到这个领域，我也才发现：这里有着太多的“未解之谜”需要我们破解，这里有着太多的“现实难题”

需要我们一一突破。带着问题意识出发，我和同事们始终在路上。

2006 年 11 月底的一个晚上，我正在车间赶制某相关设备。车间领导带来了一位特殊的客人，他向我转达了诺贝尔奖得主丁肇中先生的特殊邀请。

当时，丁肇中正在主持一项反物质探测器项目。该项目由世界 16 个国家和地区参与，美国国家航空航天局是主执行机构。按照计划，美国将用他们的最后一班航天飞机将该探测器运送到国际空间站，执行探测任务。该探测器用的是液流氦低温超导电磁装置，该装置项目已经推进了很长时间，却因为低温超导磁铁的制造难题陷入了困境。一筹莫展时，丁肇中教授想到了我，邀请我参与项目，看看是否有更好的解决办法。

其实，在我去之前，已经来了国内外两拨“顶尖高手”，但因为工程难度巨大，设计的项目实施方案都没能通过国际联盟总部的评审。形势十分紧迫，任务十分艰巨，带着一份激动，更带着一份压力，经单位审核同意后，我立即动身飞赴项目制造现场。在制造现场，我发现液流氦具有极强的渗透力，只能使用焊接的方式，但焊接带来的变形却几乎无法克服。在论证会上，我一边仔细听取承制方的汇报，了解特殊结构的要求，一边开始了头脑风暴。最终，我提出的一种新型焊接方案，获得了在场所有与会专家的认可。

接着，我们进行了系统充分的论证，在相关人员的紧密配合和大家的共同努力下，该方案很快获得了国际联盟总部的认可。而我也被委任为美国宇航局特派专家，对项目实施进行督导。

在这次特殊的经历中，方案的顺利通过和有效的实施给我带来了至高的认可，极大地鼓舞了我那颗不断创新的心，更促使我不断钻研生产工艺领域的创新与实践。我通过不断的探索、无尽的付出，也终于有所收获。

我们常说一句话：实事求是、解放思想。这句话对于技术工人，对于工业生产实践的创新领域来讲，就是要求我们坚持问题意识，强化“寻找问题、思考问题、化解问题”的思维习惯和行动自觉。而如何培养问题意识，我觉得还是要处处留心，做一个有心人，埋下身子干工作，躬身钻研具体实践。在工作岗位上，做一个能够攻坚克难、攻城略地的“尖兵”。

相信自己，带着“问题意识”出发，勇于进取、砥砺前行，不断创新突破，努力成为那个无可替代的你！

祝工作顺利。

你的朋友 高凤林

2019 年 8 月 2 日

第五封信 05

正确地提出问题，就是迈出了创新的第一步

亲爱的龚晓新：

北京的夏天越来越炎热，正午都有鸣叫的蝉在树木间喧闹。你的来信已经收到。听到你说，年轻工友们因为上一封信而备受鼓舞，我特别高兴。你的这封信里提到了关于“如何在工作岗位、技术岗位上创新”等方面的诸多问题。我能看得出，也能想象得到你们激动的心情。

所谓条条大路通罗马，我想，不管你在哪一个具体的技术岗位上，现在的你已经拥有了创新发展的热情和拼劲儿。下一步，怎么办？

关于如何创新这一问题，中国科学院外籍院士、著名的美籍华裔物理学家，诺贝尔物理学奖获得者李政道教授曾经有一句名言：能正确地提出问题，就是迈出了创新的第一步！

是啊，从问题的角度来寻找答案，有时可能是最经济有效、最直接迅速的创新方案。因为创新就来自应对问题的本身与过程。有一双善于发现问题的眼睛，能够正确地提出问题，并试图寻找解决问题的新方法、新思路，就是一种创新思维，更是迈出创新步伐的第一步。

你在回信里说，工友们对本田荣一郎的传奇经历很感兴趣。本田荣一郎通过创新，从学徒工成为了本田汽车的缔造者、百余项发明专利的拥有者。这样的故事让你们感到兴奋、感到钦佩、更受到鼓舞和激励。

那么，借着“从问题中寻找答案，正确提出问题”这样一个话题，我们一起再来回顾一位制造产业领域的大发明家。跟本田荣一郎一样，他也有着同样传奇的经历。而他不同于常人的地方就在于善于发现问题，并成功解决问题。他便是历史上最伟大的机械学天才之一，被人们尊称为自动武器之父的海勒姆·马克沁。

在世界轻武器发展史上，海勒姆·马克沁是最为著名的枪械设计大师，其在自动武器上的建树是后人无法比拟的。他设计的马克沁式机枪是世界上第一种自动武器，开创了自动武器发展的新纪元。这种武器让人类第一次充分认识到战争的残酷与和平的珍贵。

1840 年，海勒姆·马克沁出生在美国的一个普通而贫寒的家庭，他是家中 7 个孩子中最小的。因为贫困，他只读完了小学，并没有接受太多的常规教育。14 岁时，他进了一个马车作坊当学徒。后来，他又进入机械修理厂工作，做过工人和制图员。可以说，他的生活十分艰辛，创新之路更加艰难。

正如牛顿看到苹果落地引发了万有引力的猜想，马克沁发明自动武器也充满了偶然性。一次，他在英国观看士兵们射击时，发现了两个问题：一是每次步枪射击后，回弹力都很大，撞在肩膀上、青一块紫一块；二是每打完一发子弹就要停下来重新安装子弹，费时费力。于是他突发奇想：能不能利用火药燃气能量来实现子弹的自动装填和抛壳呢？

显然，马克沁正确地提出了问题，并寻找到了努力的方向！

于是，他首先在一支老式的温切斯特步枪上进行改装试验，利用射击时子弹喷发的火药气体使枪完成开锁、退壳、送弹、重新闭锁等一系列动作，实现了单管枪的自动连续射击，并减轻了枪的后坐力，成功地研制出世界上第一支自动步枪。后来，他根据从步枪上得来的经验，进一步发展和完善了他的枪管短后坐自动射击原理。此外，他还改变了传统的供弹方式，制作了一条长达 6 米的帆布弹链，为机枪连续供弹。为给因连续高速射击而发热的枪管降温冷却，马克沁采用了水冷方式。于是，他成功制造出世界上第一支能够自动连续射击的机枪，射速达每分钟 600 发以上。马克沁机枪的问世和改进，一度改变了第一次世界大战中诸多战役的进程，甚至改变了人类历史的进程。

其实，除了自动枪械，海勒姆·马克沁还获得了多种机械设备的多项专利，包括便携式清凉吸入器、捕鼠器、烫发钳、蒸汽泵等。有一年，一家家具厂发生了火灾，损失惨重。马克沁便在内心里提出了一个疑问：如何能够快速地灭火？带着这个疑问，他发明了世界上第一款自动喷洒式灭火器。

海勒姆·马克沁的一生都在不断地思考，都在提出问题并试图解决问题。他的创新曾经制造了强大的武器，造成了战争中无数战士的死伤。同样，他的创新也制造了先进的灭火设备，挽救了众多生命和财产。

你是否愿意像海勒姆·马克沁一样，带着问题去思考，带着问题去实践呢？如果你想有所创新，有所进步，在思考中正确地提出问题是“必备选项”。

当然，现在的你可能刚刚进入工作岗位，还在技能的培训与提升阶段，对于“创新”二字感到陌生、好奇，乃至害怕。不排除有的人会认为，创新太遥不可及啦。自己能够按照师父的要求，严格做好就不错啦。也有的人会认为，创新是自找麻烦，师父怎么说，咱们怎么干，就好了。甚至还有人有着“做一天和尚撞一天钟”，混日子、磨洋工的想法、做法。

我想，作为刚刚步入岗位的你，最应该养成的就是勤奋向上的意识，勤于思考的习惯。同时，最应该抵制的就是那种按部就班、不思进取的思维和惰性。《论语》中有一句大家耳熟能详的话：学而不思则罔，思而不学则殆。说的就是学习和思考的关系，要在学习中思考，更要通过思考找到新问题，进而督促自己加倍努力、加倍学习、加倍提升自身的素质和能力。同样的道理，在工作中的学习和实践也是如此。

我们常说，干一行、爱一行；爱一行、钻一行！我十几岁就上了技校，毕业后进入航天工业企业当焊接工。如今差不多有 40 年啦。当年，和我一起技校毕业的同学都转了行，我是唯一坚守在焊接岗位上的人，40 年车间不变，40 年工种不变。很多人问我，为什么不离开又累又脏、工作危险系数有时还比较大的焊接岗位？其实，我也无数次的扪心自问，翻来覆去地思考过这一问题。

答案呢？可能很多。其中，来自心底的答案，是在这一岗位上，我能够悉心地寻找问题，正确地提出问题，并成功地解决问题。而这给了我无尽的自我认可、无尽的工作欢乐，同样也给我带来了诸多的荣誉和收获。自 1983 年以来，我曾多次被评为劳动模范、先进生产者，多次获部、院级技术比赛一等奖，部、院级科技进步一等奖，国家科技进步二等奖。荣获全国十大能工巧匠、中华技能大奖、中国高技能人才十大楷模、首次月球探测工程突出贡献者等荣誉。

其实，此时此刻深刻反思：褪去这些荣誉的光环，我和你并无太多差别，我们都是新时代中国制造产业链条中最一线的技术工人。而你我都有可能在未来的某一天，在工作的实际当中，突发奇思妙想，提出一个又一个的问题，并为了破解它而持续努力、持续奋斗！

来吧，在学习中、在实践中，努力地去发现问题，寻找更好地解决问题的方法，并付诸行动！

祝工作顺利。

你的朋友 高凤林

2019 年 9 月 9 日

第六封信 06

竞争与创新是“孪生兄弟”

亲爱的龚晓新：

秋天来了，北京香山上的枫叶已经红了。天高云淡，十分惬意。你所在的城市的秋天，是怎样的一幅美景呢？

今天，我想跟你分享近期自己的特殊经历。国庆节期间，我非常荣幸地参加了新中国成立 70 周年庆典活动。这是多么令人难忘、令人心潮澎湃的一件事。给你写信，回想着十余天前的林林总总，心中的激动之情都难以平复。

今年的国庆节是那么的不同以往，那样的引人注目。是啊，2019 年真是个特殊的年份。悄然间，我们的新中国已经成立 70 周年了。70 年之间，沧海桑田，中国发生了翻天覆地的变化。1949 年，新中国成立的时候，中国积贫积弱，人民的生活十分困难。当时，我们没有完整的工业体系，农业种植方式也十分原始。至于高新技术、创新发展更是难以想象。针对我国破败落后的经济状况，国内外的一些资本家甚至说："中国共产党在军事上 100 分，政治上 80 分，经济上是 0 分。"时任美国国务卿的艾奇逊也断言：中国历朝历代都没有解决老百姓吃饭的问题，中国共产党也解决不了。

70 年之后的今天，中国早已甩掉了积贫积弱的帽子。我们不仅解决了近 14 亿人的温饱问题，而且正在向全面建成小康社会迈进。中国如今已经成为世界上最大的经济体之一，有着全世界最为完整的制造业体系，综合国力持续提升，人均收入也迅速提高。70 年间，中国共产党带领中国人民赶超世界，从落后到赶上时代，再到引领时代，书写了人类发展史上最精彩的篇章。近些年来，外国媒体、专家在研究、审视中国发展现状时，甚至感叹：中国创造了人类发展历史上的奇迹。

我正是带着这样的心情，参加了国庆庆典。心中特别特别的感慨。我为我们国家的发展而骄傲！为我们祖辈父辈的辛劳付出而自豪！同时，更愿意为我们祖国的进一步富强繁荣贡献自己的力量！我想，你肯定也会的。新时代里成长的你，定然也有着自己的追求和梦想。

在参加庆典的一系列活动中，我跟很多来自基层的工人代表们交流。大家都对新中国取得的成就感到欣喜，同时心中又有很多的忧虑和反思。我们应该认识到我国经济在高速增长中依靠的是高投入、高消耗的发展，产生了一系列问题，伴生出了很大的风险和挑战。当前呢，中国经济正在向高质量发展迈进。而推动高质量发展的一个重要因素，就是创新。

参加国庆活动期间，我也遇到了很多工友，遇到了来自各行各业的代表、专家，他们跟我有着同样的感受。同时，很多人也意味深长地相互激励：“革命尚未成功，吾辈仍当努力。”比如，在创新领域和技术领域，中国虽然取得了长足的进步，同时也面临着巨大的发展瓶颈和现实难题。

2018年的全球创新指数报告指出，中国从2017年的第22名跃升至第17名。这是中国首次跻身全球创新指数20强的行列。中国创新指数的快速攀升是我国加快推动质量变革、效率变革、动力变革的一个重要反映。

然而，核心技术等领域的研发瓶颈依旧困扰着我们。近期，中美贸易战成为国内外关注的焦点话题。其中，以手机芯片领域为代表的核心技术问题进入了公众视野。当前，大约全世界超过80%的手机是在中国生产的。但是，手机中最关键的零部件——手机的芯片却只有少量是由我国生产的。大部分中国生产的手机依然需要从欧美国家进口手机芯片。这不仅每年要耗费大约2000多亿美元的外汇，还严重制约着我国信息产业的发展，甚至给国家的信息安全带来严重隐患。

在举国同庆的日子里，我们依旧应该冷静：虽然我国科技发展水平不断提高，可是在不少领域，我们的核心技术仍然受制于人！要破解这样的难题，需要继续努力！

你在上一封信中谈到你正准备参加技能竞赛。作为技术工人，竞赛比拼不仅可以检验我们的工作能力、技术水平，还能激励我们更努力、更进步。我衷心祝你和你的朋友们能够在技能竞赛中取得好的成绩。

参加工作几十年来，我也参加了很多很多的技能竞赛。正是通过技能竞赛的交流和比拼，在工作上的收获很多，至今我还记得第一次站在比赛场上的心情。为庆祝航天创建 35 周年，航天部举办航天系统青工技术比赛，我便报了名。厂领导与车间领导破例给我挤出时间进行训练，还从厂里抽调两名高级指导老师对我进行辅导，帮助我提升相关技能。为了能广收博取、全身心地投入，我吃住在厂里。白天穿梭于攻关现场、训练场、课堂，晚上抱着两摞厚厚的书籍学习到三四点钟。终于，功夫不负有心人。我在全航天系统青工技术比赛中取得了实操第一、理论第二的好成绩。这样高水平、高强度的竞赛锤炼了我的技能，更激发了我运用新的生产工艺搞“小发明”“小创新”的热情。

其实，国与国之间的创新发展，何尝不是一场竞赛呢？

竞争和创新是两个伴生的话题。是的，他们就是孪生兄弟，是动力源泉。良性的竞争会激励不断地创新、不断地前进。创新更能提高我们的技能，使得我们在竞赛中提高成绩，赢得主动权。从这个角度讲，国家只有把核心技术掌握在自己手里，才不会受制于人。而你我只有具备扎实的技能、不断增强创新意识，才能成为国家产业发展里的“不可或缺”。

“我们都在努力奔跑，我们都是追梦人。”在2019年的新年贺词中，习近平总书记饱含深情的话语，让亿万中国人民都感到温暖，感到兴奋，充满力量。

有梦想才有未来，每个人都有梦，中国梦才有依托。在70年新中国发展历史上，有着无数的前辈鞠躬尽瘁、创新在前。邓稼先隐姓埋名20余年研制核武器；袁隆平克服意想不到的困难，奇迹般地解决了人民的吃饭问题；屠呦呦几十年如一日，攀登科学高峰最终获得了诺贝尔医学奖。在创新的道路上，在发展的道路上，在与世界上其他国家同行们的比拼、竞赛之中，他们都为国家建立了卓越的功勋。

当然，在一些竞赛里，在一些比拼里，你可能无法依赖任何人，甚至都没有向导、老师。除了你自己，除了你积累的经验、掌握的理论与技能，以及专业的预想与判断，你什么都依靠不了。因此，你必须相信自己，努力前行，做那个“独一无二、不可或缺”的你。

你的朋友 高凤林

2019 年 10 月 5 日

第七封信 07

创新的秘诀，从“总结积累”到“永不模仿”

亲爱的龚晓新：

来信收悉，欣闻你参加了企业青年职工的技能培训班，为你点赞，并致以真切的祝愿和勉励。从你的信中我知道，你是因为浓厚的兴趣而选择了现在的职业和岗位。这突然让我想起了日本的一位著名的发明家、实业家、本田汽车的创始人——本田荣一郎。他的人生经历或许能对你坚定职业信心、不断学习进取有所借鉴和启示。

1906 年，本田荣一郎出生在日本一个小村庄的铁匠家庭中。当他还是一个孩子的时候，他第一次见到了汽车，从此便被这样的机器深深地吸引。出身贫寒的他，没能得到太多的系统教育，16 岁的时候出于对机械的痴迷便进入了汽车修理厂当学徒工。其间，他不断地学习，不断地汲取各类知识，总结和积累了很多经验。

经过 6 年的学习与积累，本田荣一郎练就了一身本领。在具备了相应的专业技能后，22 岁的他开办了自己的汽车修理厂。起初，修理厂经营得十分艰难。于是，他改变思维，创新技术、工艺和产品，很快便扭转了局面。20 世纪 40 年代中期，他创新生产了能够改进摩托车功率的小型引擎。这种新型产品，迅速赢得了市场的认可。在取得巨大成功后，本田荣一郎也并未止步，不断地探索创新让他拥有了 470 项发明和 150 多项专利，造就了享誉世界的汽车王国，也成为了第二位获得荷利奖的人，被誉为“亨利·福特以来唯一的最杰出最成功的机械工程企业家”。

本田荣一郎曾说：“很多人都梦想着成功，殊不知成功是建立在重复的失败和无数次自省之上的。不为 99 次失败气馁，一心为第 100 次的成功而努力。”而在总结自己为何能够取得如此众多的成就时，他又说：“我成功的全部秘诀，就在于不一味地模仿别人。"这句话饱含了其对于创新精神的推崇。正如本田荣一郎所言，不断的重复失败、不断的模仿学习、不断的反省自身是十分重要的。所谓模仿学习，就是以效仿榜样的行为方式为特征的一种学习模式。

通过模仿学习，人们能够以最低的成本，最快的速度，直接有效地掌握知识和技能。在个人的学习非常困难，尤其是试错成本很高的情况下，我们首先需要进行模仿学习。对于技术工人而言，我们在具体的工作实践中，首先就是要学会模仿。模仿学习前辈的工作经验，是我们快速掌握工作技能、适应工作环境、提升工作质效的捷径。

特别需要指出的是，端正的学习态度、浓厚的学习兴趣、坚定进取的心理素养，对于学习中的我们来说缺一不可。九层之台起于垒土，合抱之木始于毫末，千里之行始于足下。不管是理论的学习，还是技能的掌握，都需要经历一个不断积累、不断总结、不断提升的过程。

近几十年来，“中国制造”走到了世界的每个角落。中国人在工业制造领域的创新实践同样也令世人瞩目。比如，中国海尔的“领头人”——张瑞敏。

海尔成功的要素之一就在于不断地推陈出新。一直以来，海尔视创新为企业的文化基因，积极把握时代变革、探索新的生产和管理模式。可以说，海尔的技术创新以市场为导向、并以市场效果为唯一的检验标准。比如，海尔的工程师了解到有些农村地区，一些人用海尔洗衣机洗地瓜、土豆。他们就组织团队研发了一种新的洗涤程序，专门用来清洗蔬菜。比如，海尔曾设计一款配有软冷冻技术的冰箱。这种冰箱在使用时能够让冷冻的冰激凌不至于太硬而“咬不动”。

就这样，透明冰箱、航天冰箱……海尔平均每天开发 1.7 个新产品，每天申报 2.7 项新专利，成为中国提报国际标准最多的家电企业。在此基础上，海尔与全球战略伙伴在创新领域共建了多个专利池，涵盖专利千余项，并率先将无线电力传输技术应用于家电。同时，海尔以五大研发中心作为资源接口，与全球一流供应商、研究机构、著名大学建立战略合作，形成了由120多万名科学家和工程师组成的创新生态圈，并因此被波士顿咨询公司评为“全球十大创新企业”。

从本田荣一郎到张瑞敏，从本田汽车到中国海尔，学习积累、反省自身、严把质量、不断创新，都是他们成功的重要因素。如今，我们努力前行，既要沿着他们的脚步模仿学习，少走弯路，更要“勇敢做自己”，勇于突破各类限制，敢于攀登更高的山峰。年轻的你，难道不想加入这样的行列吗？相信无限的可能，来吧！

祝工作顺利。

你的朋友 高凤林

2019年12月6日

中
国
制
造

第八封信 08

立足岗位创新，向着“极限”冲锋

亲爱的龚晓新：

听闻你们团队在技能竞赛中取得了很好的名次和成绩。你个人也获得了奖项，真的为你和你的工友们感到高兴。年轻人不就是在互相的比拼、互相的支持、互相的竞争中成长和进步的吗？希望你能够积极提升技能，继续参加这样的竞赛。我相信，你们之中肯定会有人走出工厂、走向区域、走向全国的竞赛场，甚至走出中国站上世界的领奖台。

近现代创新领域的研究者曾提出“极限理论”。也就是说，只有将事情做到极致，做到精益求精的人，才能够触摸到创新的门槛。千百年来，但凡在某一领域有所创新，有所突破者多数做到了或者认清了某一行业的“极限”。在原有的轨道上，他们觉得“即将到达或者已经到达了尽头”，故而寻找新的方法、新的路径。

近几十年来，不少中国的产业工人就曾在世界级的顶尖技能竞赛中取得了优异的成绩，而他们正是“极限理论”的最好诠释——做到极致、精益求精，便是创新！

我认识这样一位年轻人，他 19 岁便走上了世界技能大赛最高领奖台，成为首位获得“阿尔伯特大奖”的中国人。他的名字叫宋彪。2017 年 10 月，第 44 届世界技能大赛在阿联酋阿布扎比举行。宋彪获得了工业机械装调项目金牌，并从来自 59 个成员国家和地区的 1260 余名参赛选手中脱颖而出，以 779 分获得了大赛唯一的“阿尔伯特大奖”。

“阿尔伯特大奖”是以世界技能组织创始人的名字命名的，用于奖励每一届世界技能大赛中所有参赛项目中获得最高分的选手，被誉为“世界技能的巅峰”“金牌中的金牌”。几十年来，宋彪是第一位赢得这项荣誉的中国选手。

出生于 1998 年的宋彪，来自安徽省蚌埠市的农村。初中时，他的学习成绩并不理想。中考成绩出来后，当工人的父亲并没有责备他，而是跟他聊了聊自己年轻时经历的挫折和对人生的感悟。与父亲的谈话让他重新燃起了对知识的渴望和对未来的希望——“拿不好笔杆子，就拿好工具。”

后来，宋彪进入了技师学院学习。起初，由于基础知识太差，他的成绩并不理想。可宋彪并没有放弃，而是利用课余时间请教老师，把课堂上听不懂的专业知识一一搞懂。经过一个学期的追赶，宋彪越来越自信。他也逐渐发现了自己的优势和天赋——动手能力强。于是，课余时间，他便常常守在车间琢磨产品设计。

经过长期的钻研，宋彪在江苏省的技能竞赛中崭露头角，进而获得参加世界技能大赛的“敲门砖”。在此后的省级、全国选拔赛中一路晋级，最终得以代表国家“出战”，并载誉凯旋。

工业机械装调，是现代智能制造的重要环节。在有“技能奥林匹克”之称的世界技能大赛中，工业机械装调被认为是对选手能力挑战最大的一个项目。比赛具体装调什么机械，对选手和大众都是未知。这需要选手“十八般武艺样样精通”。比如，焊接、车削加工、铣削加工、装配调试等。宋彪为何能够最终赢得大奖？

他的老师、教练这样评价：“宋彪的勤奋，精益求精、不断追求极限的态度，创造了一个又一个惊喜。”

面对记者的采访，宋彪在介绍自己的工作流程时，也曾这样表述：“做完一个零件拿去评分，做到75%的合格率，可能就算是好的。但是，我觉得应该把它进一步提高，提升到95%~99%，甚至说到百分之百的一个精确度。这样才能使一个零件在部件的组装中更好地得以使用。”

显然，“立足岗位实际，不满足于75%的合格率，力求精益求精”的工匠精神，是宋彪成功的关键。

我进入技校学习、参加工作初期，长辈们、老师们曾经教导我：“聪明人要用笨办法。”起初，我并没有听懂。后来才慢慢明白：所谓的笨办法就是要扎扎实实，从基础做起，从小事做起，精益求精。这句话让我受益终身。2014 年，在德国纽伦堡国际发明展上，我也曾激动万分地登上领奖台。作为一名技术工人，凭借自身技能获得了三项金奖。在我步入技校之时，在我刚刚进入岗位之时，我根本没有想到自己日后能够取得这样的成绩。

我是中国航天科技集团的一名焊接工人。近 40 年来，先后为 90 多发火箭焊接过“心脏”。而要做好我这项工作，马虎不得，必须精益求精。

在 20 世纪 90 年代，企业为长三甲系列运载火箭设计了新型大推力氢氧发动机。但是，该发动机大喷管的焊接一度成为研制瓶颈。火箭大喷管延伸段由 248 根壁厚只有 0.33 毫米的细方管组成，全部焊缝长达 900 米，焊枪多停留 0.1 秒就有可能把管子烧穿或者焊漏。为了攻克技术难关，我不分昼夜地奋战了一个月。最终，产品经过剖切试验，在 200 倍的显微镜下检测通过。就此，第一台大喷管被成功送上试车台。这一新型大推力氢氧发动机的成功应用，使我国火箭的运载能力得到大幅提升，我也因此荣获了国家科技进步二等奖。

多年来，我所在的团队一直十分注重自动化和智能化焊接的探索和实践。我们希望通过科技的应用，从而更好地服务于生产，提高产品的一致性，进而在一定程度上缓解人的劳动强度。

早前，我们引进的一些设备，对焊接产品的限制条件很苛刻，要求发动机导管的焊缝对接间隙要在 0.08 毫米以下、错边量在 0.03 毫米以下才能适用。但是，我们发动机上的导管形状弯曲复杂，设备难以满足这类产品的焊接需求。于是，我带领同事们决定用知识和经验进行探索，进一步满足产品技术需求。我们从基础做起，从细节做起，通过不断试验摸索与调试，与厂家共同研究改进，在起弧点的控制、变形趋向等方面都进行了焊接过程的细致优化。

最终，设备对产品的适用范围大大增加，使壁厚为 1 毫米导管的焊缝对接间隙在 0.8 毫米、错边量在 0.3 毫米的产品都可以进行生产加工了。同时，我们还以人工智能为基础通过探索和实践进一步拓展了自动化设备的“应用极限”，得到了设备研制单位的高度认可。

2019 年 11 月，中华全国总工会制定下发《关于广泛深入持久开展“五小”活动的指导意见》。“五小”活动即小发明、小创造、小革新、小设计、小建议。这是工会的一项传统工作，历史悠久、深受关注。

为什么要开展“五小”活动呢？按照我的理解，就是想让大家能够“立足岗位实际，力求精益求精，追求极致”。当前，技术工人积极参加“五小”活动，就是要着眼于解决工作实际中遇到的难题，着眼于应对市场需求、生产经营需求的变化，着眼于细节和小事，不满足于现状、精益求精，争做“极限的突破者”。

而且，必须充分明确的是：创新并不一定要“高新技术”，只要能够化解工作中的难题，优化工作流程，提升工作质效，同样是创新突破。同时，这也有利于提高工友们的经济收益。

春节即将到来，祝合家欢乐、幸福如意。

你的朋友 高凤林

2020 年 1 月 10 日

第九封信 09

打破思维定势，实现“零的突破”

亲爱的龚晓新：

春节前夕，新冠肺炎疫情突然袭来。严峻的疫情防控形势自始至终牵动着亿万国人的心。其实，收到你的来信已经很长时间。近期我却并没有给你回信。究其原因，由于疫情的因素，我的工作和生活也受到了影响，心绪难平。

目前，面对着疫情带来的工作与生活上的冲击和压力，我们企业响应国家号召已经逐步开始复工，我和同事们也陆续回到岗位，回到自己的阵地。在来信当中，你也提到企业正号召复工生产的消息。同时，你也说，自己正准备回到工作岗位。

近期，我看了很多很多关于疫情防控方面的新闻报道。有国家应对疫情与发展经济的方针和政策，也有基层政府、民众积极投身抗疫一线和复工复产一线的一些情况和信息。看着疫情防控、病患救治的严峻与残酷形势，我焦急万分。很多企业、工人们的举动不时感动着我、激励着我。

就在这两天，一则《人民需要什么，五菱就造什么》的报道刷爆了互联网、朋友圈。报道中的主人公便是上汽通用五菱汽车股份有限公司。面对口罩生产设备全国紧缺的情况，五菱紧急调集了 120 多名专家、精英技师并组成核心团队，24 小时不间断地轮班，夜以继日地围绕“五菱牌口罩机”开展攻坚。正常情况下，整个生产周期至少需要 10 天，而他们却仅用 1 天时间就完成了结构设计，76 小时就实现了全部生产流程。2 月 19 日，五菱第一台口罩机下线，再一次刷新了“五菱速度”。

从买口罩到劝供应商造口罩，从自己上手造口罩到制造口罩机，再到交付移动测温车，整个过程只有 15 天。创新就是要实现“零的突破”，解决问题。五菱的行动诠释了只有打破思维定式，才能实现“零的突破”，实现创新。

其中，五菱的一些事关创新的方法也非常值得我们学习和借鉴。比如，他们在遇到技术难题时，会采用多部门“会诊”开展头脑风暴的做法。头脑风暴有利于激发团队中的每一个个体参与问题的解决。并且，在竞争意识的推动下，在不限定任何条件的作用下，更容易激发个人的创新热情。头脑风暴促使每一个人畅所欲言，提出大量的新观念、新设想，为创造性地解决问题提供了更多的可能性。

特别值得一提的是，头脑风暴就是要打破思维定式。思维定式也就是我们常说的“惯性思维”。在环境不变的情况下，思维定式能够帮助人们用已经掌握的方法或者经验迅速解决问题。然而，当情景转变后，它则会妨碍人们采用新的方法。简言之，思维定式是创新发展的“绊脚石”，必须打破！

其实，为了应对新冠肺炎疫情，不仅是五菱，太多的企业竞相有序复工，太多的产业工人坚守岗位，一些企业更是不计成本地跨领域，甚至跨行业转产。于是，你能看到开始造口罩的五菱、比亚迪等汽车企业，也能看到如柒牌、红豆等迅速组织专家攻关、引进设备、调整参数，转产医用防护服的服装企业们。作为一名产业工人，在此我感到分外的骄傲和自豪。疫情当前，不管是坚守岗位还是突破转产，其背后都包含着我们的智慧与汗水，更饱含着我们实业报国的初心与承诺。这一期间，太多产品从无到有，太多企业实现了“零的突破”。从一定程度上讲，疫情逼迫着我们走出“舒适区”，打破原有的工作机制和工作习惯，创新机制、创新工艺、创新技术、创新产品。

此时此刻，“国家需要什么，我们就生产什么”，便是中国产业工人发自内心的呼喊，而它也持续推动着我们不断创新发展、不断拼搏前行。

我从事航天焊接工作近 40 年。回顾中国航天事业的发展，我们同样走过了从无到有，不断创新的历程。

1990 年 4 月 7 日，长征三号运载火箭成功发射美国研制的“亚洲一号”卫星。

1999 年至 2002 年，我国先后 4 次成功发射神舟一号至四号无人飞船。

2003 年 10 月 15 日，我国成功发射第一艘载人飞船神舟五号，将航天员杨利伟送入太空。21 个小时 23 分钟的太空行程，标志着我国已成为世界上继苏联（后由俄罗斯继承）和美国之后第 3 个能够独立开展载人航天活动的国家。

2005 年 10 月 12 日，我国成功发射第二艘载人飞船——神舟六号，并首次进行多人多天飞行试验。

……

十余年来，神舟系列飞船、嫦娥一号、嫦娥二号、天宫一号、天宫二号的发射成功，更是不断地在实现“零的突破”，刷新着中国航天事业的“成绩单”。

我也是参与和见证中国航天事业众多“零的突破”历程中，几代航天人里的一个。可以说，在生产中推进创新，尤其是打破原有的思维定式并不容易。具体来看，老经验、老传统、老工艺要传承，同时在应对新问题、新状况时，也要敢想敢试。拿我最熟悉的焊接工作来说，很多新材料、新工艺就是在反复的尝试、反复的试错中，从原有的思维当中跳脱出来，才取得了最终的成功。亲爱的朋友，当你也在工作中遭遇了技术瓶颈和现实难题，请你尝试着开展头脑风暴，摆脱思维惯性，打破陈规陋习，从实践中来，到实践中去！我相信，你一定会有意想不到的新收获。

祝工作顺利！

你的朋友 高凤林

2020 年 2 月 25 日

第十封信 10

脚踏实地，养成独立思考的习惯

亲爱的龚晓新：

来信收悉。你在信中提到的关于疫情、经济、民生等诸多方面的担忧，我也有着同感。推己及人、不忘匹夫之责，是中华好儿女应该做的。作为一名产业工人，我们虽然不能跟医务工作者一样奋战在抗疫第一线，但我们依旧有着自己的岗位。抗击疫情的工作，同样需要各种各样的物资，同样需要我们继续去“战斗”。

来信中，你介绍了自己和工友们复工复产的状况。同时，对国家抗击疫情的诸多举措表达了支持和赞誉。你提到了火神山医院、雷神山医院，说：“很多外国人想都不敢想的事情，我们办到了。”

是啊，自疫情之始，“战疫”就如同一场战役，我们在跟疫情进行着一场大决战！火神山医院、雷神山医院的修建，各类疫情防控举措的制定与实施，中国人完成了一个又一个“不可能完成的任务”，刷新了世界对我国的认知。

以火神山医院为例，从1月23日接到任务到2月2日竣工，这座占地3万多平方米的“战地医院”拔地而起。此后12天里，雷神山医院迅速建成，10余家方舱医院火速建好——我们的工人、工程师在武汉几乎平均每天建成一座医院。

此时此刻，作为一名“中国航天人”，我更会自豪地向很多朋友们介绍：中国航天科技集团负责研制的多款产品也亮相了这场“抗疫战斗”，北斗卫星导航系统便是其中之一。

在武汉火神山、雷神山医院的建设过程中，基于北斗卫星导航系统的高精度定位设备火速驰援，确保工地大部分放线测量一次完成，为两座医院迅速施工争取了宝贵时间。在我国重点战“疫”区域，有上百架载重无人机根据需求，在北斗的定位导航下将一线急需的医疗和防疫物资精准地送到了医护人员手中。

近日，在全国人民的共同努力下，疫情防控的严峻形势逐渐得到扭转，患病人员的救治工作也在顺利推进。这一期间，我们不断总结经验，不断创新尝试，不断探索实践，进而在与病毒的斗争中逐渐赢得主动权。国际卫生组织相关专家评价中国的疫情防护工作务实有效，“中国值得我们感激和尊重”。这也难怪很多外国友人在评价我们的疫情防控工作时，不由得钦佩、感叹“中国速度”“中国智慧”。

诚然，新冠肺炎疫情是一场对于全体人类的大考验。抗击疫情，世界各国都有自己的做法、自己的举措。各国人民同样也都有着自己的思考。我们为什么能够如此迅速地扭转疫情蔓延的趋势，有效救治病患呢？我觉得，最关键、最重要的原因是：我们不懈怠、不推诿，从实际出发独立思考，探索并及时调整对策，进而取得了阶段性的成绩。

其实，并不仅仅是应对疫情，按照这样的逻辑推导开来，数十年来中国改革发展之所以取得了巨大成就，不也是基于这样的“独立思考”，这样的“实事求是”，这样的“改革探索”吗？

按照社会学的理念与常识，独立思考是一个人解决问题的基础。而且，独立思考是人类的本能，是以人的思维习惯为基础而独立认识、研究事物的过程。可以说，每个人都有独立思考的能力，只不过大小不同而已。这个大小的不同取决于知识的积淀是否丰富和雄厚；思维的习惯是否符合认识世界和改造世界的客观规律。比如说，我们接到一项工作任务。有些人就会把以前的工作成果拿出来，做一些修修改改、删删减减，应付了事。但是，有些人则会在原有成果的基础上，依靠知识、经验的积累，遵循规律，进行全新的构思，希望找出解决问题的新办法和新途径。很显然，后者的独立思维习惯和能力要强于前者。

不能独立思考，总是人云亦云、缺乏主见的人，是不可能做出正确的决策的，更不可能有所创新、有所突破。如果不能有效地运用自己的独立思考能力，那么，他随时随地都有可能因为别人的观点而否认自己的计划，进而也不可能拥有独立意识和创新能力。

两年前，习近平总书记在北京大学考察时，在与青年人的交流互动中曾经说过："那时候，我读了一些马列著作。15 岁的我已经有了独立思考能力，在读书过程中通过不断重新审视，达到否定之否定、温故而知新，慢慢觉得马克思主义确实是真理，中国共产党领导确实是人民的选择、历史的选择，我们走的社会主义道路确实是一条必由之路。这种通过自己思考、认识得出的结论，就会坚定不移。"

那么，如何培养自己的独立意识和思考能力呢？

首先，应当注意养成独立思考的习惯。在工作和生活当中要勤于思考，要尝试着用自己的思想来认识和分析事物。不要限制自己的思维，不要盲从，不要人云亦云。其次，应当培养自己正确的思维习惯，这个思维习惯是独立思考的根本保障。思维习惯其实都是类似的，由浅入深，由感性到理性，由天马行空到遵循逻辑。再次，应当积累丰富的知识与经验。这是我们思考问题的基础和前提。有了相关的知识积累，才可能有一个科学的思维习惯，才能够得出科学的，甚至是创新的思考结论。

说到底，要提高独立思考能力，最根本的就是要加强学习，加强实践。学而不思则罔，思而不学则殆。要用知识武装自己，丰富提高自己思维的层次和水平，进而提高自己的创新能力与思考能力。

我的个人经历便是培养独立思考能力过程的很好佐证。从技校毕业之后，我便进入工厂，成为了一名技术工人。在日常的工作中，我越努力越发现：知识的欠缺成为我提高技能的瓶颈。那时候，大家的工资水平都不高。为了贴补家庭，我的工资收入大都上交给母亲。可当我意识到自己在专业知识和专业能力上的不足时，我便每月从工资里拿出 5 元钱用来购买焊接方面的专业书籍，加强学习。

1988 年，我考取了职业大学业余班，开始了艰苦的业余学习。为了拓宽知识面，读大专时，我选择了机电一体化专业。其间，我边学习、边思考、边实践、边创新，攻克了氢氧发动机机身部生产等难关。2000 年，我进入北京理工大学学习，在大学的 3 年时间里，我攻读了计算机科学与应用专业并获得了学士学位。随后，我又自学了研究生课程。

在我的生活和工作中，还有一项非常重要的学习，就是职业培训。我和许许多多的技术工人一样，参加过各种各样的技能培训与专业理论培训。同时，在一些竞赛中跟同行也经常交流研讨，还获得了一些专家和学者的指导，这些都让我受益匪浅。个人的努力、同行朋友老师的指导、时代背景下的工作任务，这一系列的因素共同推动着我不断地直面挑战，不断地独立思考，不断地探索解决问题的新方式和新途径。

在我看来，创新并不是天上的星星遥不可及，它更像是埋藏在泥土里的宝藏。只要肯耕耘、肯付出，愿意用汗水和努力去浇灌我们的田地，人们终究会发现这泥土里珍贵的宝藏。

一分耕耘，一分收获。

相信你也会变成一个脚踏实地、独立思考、勇于创新的人。

你的朋友 高凤林

2020 年 3 月 25 日

雷神山医院项目建设
党员突击队

第十一封信 11

不负韶华，像战士一样去冲锋

亲爱的龚晓新：

欣闻你和你的朋友们正在参加抗疫志愿活动，真心为你们的朝气蓬勃、为你们的奉献社会而感到高兴和自豪。是啊，在防控疫情的关键时刻，每一个人都应当贡献自己的一份力量，志愿者更是疫情防控一线一道亮丽的风景线。

今天是2020年的“五一”国际劳动节。在这样一个特殊的日子里，我又拿起了笔给你回信，同你分享自己对于抗击疫情的感受，与你分享在这个春天的新打算，新目标。

多么令人感慨、令人难忘的春天。在人类未知的病毒面前，在病魔与恐惧面前，14亿国人守望相助，交出全球战“疫”的“中国答卷”。

此刻，春回大地，万物复苏。大自然的春天是美好的，阳光明媚，生机勃勃，万紫千红，孕育着生机，给人们美的感受。同时，疫情的阴霾逐渐散去，田间地头、工厂车间，复工复产正在不断推进……

人的一生同样有着美好的春天，那就是青春。青春年少的你，不就正处于自己的春天？这是人生中最美好最宝贵的时刻。

青春时期是我们立志、学习、成才的大好时期，也是我们思想趋向成熟的最佳时期。当然，青春是短暂的。“花有重开日，人无再少年。”人类的青春不能像大自然里的春天那样，可以年复一年的重来。我们的青春只有一次，失去了就再难补救回来。因此，一寸光阴一寸金，寸金难买寸光阴。我们要珍惜时间，做时间的主人，把握好生命里的每一分钟。

诚然，我们不可能留住时间，但是可以与时间赛跑。让生命在勤奋中闪光，让青春在拼搏中放出光彩。

“实干与拼搏”从来都不是一句口号。因为热爱，所以拼搏；因为拼搏，更加热爱。趁着做事迹报告的时候，我曾回顾自己的前半生。近 40 年，我一直扎根在航天第一线从事火箭发动机的焊接工作，在我国航天产品发动机型号的重大攻关项目中攻克两百多项难关，在钛合金自行车、大型真空炉、超薄大型波纹管等多个领域填补了技术空白。我曾扪心自问：是什么让平凡的我取得了这样的成绩？我想，珍惜生命、勇于拼搏是最好的答案。在记忆的深处，熬夜、苦读、钻研技术、向师父和同行们请教等场景不时地出现在我的脑海里。

为了攻克国家某重点攻关项目，我曾近半年天天趴在冰冷的产品上，关节麻木了、青紫了，毫不在乎；在技术攻关的关键时期，我和恋人只能一周见一次面，每次也只是十几分钟；当恋人成为妻子，怀孕待产，我也无暇照顾；孩子出生那天，我还是从工作岗位上匆忙赶往医院。

太多年了，因为这样的工作状态，我还被同事们起了一个外号——“和产品结婚的人”。是啊，对于家人、亲人，我心中有着不少愧疚。然而，家人们却始终支持我，成为我坚强的后盾。

其实。在我的成长过程中，组织、领导和师父们同样给了我无微不至的关怀——发展我入党、让我担任支部宣传委员、青年委员，领导还多次家访为我解决了不少后顾之忧，我美满的婚姻也是领导们促成的。不仅如此，组织上还帮助我解决了住房问题。我跟过好几位师父，每位师父都爱徒如子。我母亲病了，师父、师母们结伙去看望；冬天，几位师母主动给我织毛衣。有这样的领导、师父，我怎么能不努力工作呢？

而且，我所在的岗位太特殊了。国家任务绝对不能等、不能停；航天事业的发展也绝对不能等、不能停。

因此，我便倍加珍惜时间，倍加努力工作。为了攻克生产技术难关，我曾多次负伤。我的鼻子曾缝了针；脑袋上残留的异物经过三次手术才完全取出；而胳膊上黄豆大的铁销，由于太贴近骨头了，手术危险性太大，至今仍未取出，估计将伴随我的一生。

我觉得，关键时刻，敢打敢拼，能够挺身而出才是好男儿！

有一年，在长征五号的研制中，发动机在发射台试验过程中突然出现内壁泄漏。如果该发动机不能如期完成验证性试车，整个研制进度将推迟一年。而此时根本没有了返厂处理的时间，且返厂会造成巨大的经济损失。危急时刻，我带领相关人员奔赴试车台。站在试车台上面对 10 米开外的大型液氢储罐，我的身后就是几十米的山涧，操作空间又非常狭小，我只能勉强塞进一只手臂，开始“抢险”。

时间在一点一点地流逝。记得那天正好是农历八月十五中秋节，眼看太阳就要下山了，故障点还没有被排除，我心里特别焦急，汗如雨下。此时，发动机总设计师赶来助阵，他掩饰着焦急的心情，打趣地说：“高师傅，这可是国际级的大考呀！怎么样，够难度吧？”我也回应道：“看来今天要栽在这里了！”

那一刻，我擦了下汗水，镇定思绪，又重新进行冲刺，终于赶在夕阳的余晖消失之前补救成功。在场的所有人员无不欢欣鼓舞。为此，动力研究所还给厂里送来感谢信。

后来有人曾问我：“你不担心坠落山涧，不担心任务失败吗？”说不担心，那是假的。害怕危险是人的本能，面对工作中的危险，我怎能不担心、不恐惧呢？有时候，也是顶着压力“硬扛”，但我更加担心工作任务的失败。我工作的生产车间里，至今仍摆放着许多火箭试车过程中“爆缸”的产品。我们把这些失败的试验品摆放在显眼处，就是为了时刻提醒自己：必须精益求精，必须确保万无一失。

其实，在日常的生产当中，我们会遇到很多新产品、新困难。很多困难也不是我一个人就能解决的。有时候，我甚至连一点儿解决问题的思路都没有。怎么办？群策群力，让更多的人参与进来。

在德国企业交流学习时，我在工厂里经常看到人们三五一群探讨问题的场景。我原以为都是技术工人，深入了解才知道，这是设计、研发、生产人员以团队的形式共同解决问题。于是，在工作实践中，我们也充分借鉴这一做法。在技术攻关过程中，很多人会参与进来集思广益。我们经常会“头脑风暴”，经常跨行业的“引入外脑”。因为我们已经清醒地认识到：实现创新与突破，不仅需要爱岗敬业、勇于担当的“个人英雄”。同时，还需要精诚合作、群策群力的“团队精神”。

“希望广大劳动群众坚定信心、保持干劲，弘扬劳动精神，克服艰难险阻，在平凡岗位上续写不平凡的故事，用自己的辛勤劳动为疫情防控和经济社会发展贡献更多力量。”五一国际劳动节前夕，习近平总书记在给郑州圆方集团全体职工回信中，这样勉励我们。

今天，在抗击疫情即将迎来胜利的春天，在这个特殊的五一国际劳动节，亲爱的朋友，你的心中想着什么呢？未来又有着怎样的打算呢？你愿意加入到创新团队，加入到技能攻关的团队中来吗？希望你写信告诉我。

不负韶华、不负春光。让我们珍惜时间，珍惜生命，趁着大好时光努力地拼搏与奋斗。最后，将诗人汪国真的一首《热爱生命》送给你。愿你我共勉！

我不去想，
是否能够成功，
既然选择了远方，
便只顾风雨兼程。

我不去想，

能否赢得爱情，

既然钟情于玫瑰，

就勇敢地吐露真诚。

我不去想，

身后会不会袭来寒风冷雨，

既然目标是地平线，

留给世界的只能是背影。

我不去想，

未来是平坦还是泥泞，

只要热爱生命，

一切，都在意料之中。

你的朋友 高凤林

2020 年 5 月 1 日

第十二封信 12

创新发展，我们和国家一起“奋力奔跑”

亲爱的龚晓新：

不知不觉，我们之间已经通信一年有余。在一年的通信中，我感受到了你的成长和进步。你参加技能培训时的刻苦，你在技能竞赛里的卓越表现，你积极参加“五小”活动的状态，以及你作为抗击疫情志愿者的担当……这些无一不成为你的财富，成为你成长和进步的阶梯。同时，这些事情也温暖着我的内心。

5月下旬，在这个特殊的年份里，全国两会召开。今年政府工作报告指出，只要直面挑战，坚定发展信心，增强发展动力，维护和用好我国发展重要战略机遇期，当前的难关一定能闯过，中国的发展必将充满希望。深入学习全国两会精神，我们必须明确：新征程之中，中国不会停步，必将风雨兼程，笃定前行。

而就在全国两会结束的第 2 天——5 月 29 日，第二届全国创新争先奖颁布。来自全国各地、各行各业的 10 个创新团队，以及 286 名同志分别获得了相关奖项。全国创新争先奖是新时期国家引领创新发展的重要奖项。众多获奖者则是我国广大科技工作者和创新团队的杰出代表，是为建设世界科技强国作出突出贡献的排头兵、领航者。在改革发展应对疫情冲击的关键时刻，在全国两会结束的第 2 天，国家颁布这一项奖项，其深意不言而喻：以创新引领发展，以创新突破困境。

2006 年，党中央在全国科学技术大会上就明确提出，到 2020 年要使我国进入创新型国家行列，为全面建设小康社会提供强有力的科技支撑。

2017 年，习近平总书记在党的十九大报告中强调："加快建设创新型国家。要瞄准世界科技前沿，强化基础研究，实现前瞻性基础研究、引领原创性成果重大突破。”

2019 年，科技部部长王志刚介绍：“中国的科技创新也有‘三步走’战略，到 2020 年进入创新型国家，到 2035 年左右进入创新型国家前列，到 2050 年要成为世界科技强国。”

什么是“创新型国家”？我国在创新型国家建设领域又处于怎样的水平？我们产业工人又肩负着怎样的时代使命呢？

简单来说，创新型国家就是指以技术创新为经济社会发展核心驱动力的国家。主要表现为：整个社会对创新活动的投入较高，重要产业的国际技术竞争力较强，投入产出的绩效较高，科技进步和技术创新在产业发展和国家的财富增长中起重要作用。

世界上公认的创新型国家有 20 个左右，包括美国、日本、芬兰、韩国等。这些国家的共同特征是创新综合指数明显高于其他国家，科技进步贡献率在 70% 以上，研发投入占 GDP 的比例一般在 2% 以上，对外技术依存度指标一般在 30% 以下。此外，这些国家所获得的三方专利（美国、欧洲和日本授权的专利）数占世界总量的绝大多数。

2019 年 7 月，世界知识产权组织等联合发布全球创新指数，中国连续第四年保持上升势头，排在第 14 位，较 2018 年上升 3 个位次。根据该指数，前 10 名分别是瑞士、瑞典、美国、荷兰、英国、芬兰、丹麦、新加坡、德国、以色列。

我国始终把科技创新摆在核心位置，作为重要支撑和引领力量，更作为发展的重要动力。同时，我国一直将创新纳入经济发展战略和方向，并在过去 40 年里建立了知识产权基础体系，取得了非凡成就。

当然，还需要清醒地认识到，我们与发达国家，尤其是创新型国家之间的差距还很大。以德国为例比较：全球目前共有 2734 家“隐形冠军”企业，其中德国就有 1307 家，占总数的 47%；而按照 2017 年新华社的报道，中国只有 104 家。“隐形冠军”企业是指产品遍布全球，拥有国际市场份额排名前三的企业。创新实力是这类企业得以保持领先优势的重要支撑。

创新发展，关键在人。创新驱动实质是人才驱动。就产业创新而言，产业工人更是技术创新的主力。深入开展产业工人的技术创新活动有利于凝聚职工的智慧和力量，有利于调动职工的积极性、创造性，有利于加快建设创新型企业、创新型国家。因此，长期以来，党和国家高度重视产业工人的技术培训和技术创新活动。

习近平总书记强调，“要在广大职工群众中营造浓厚的学习探索风气、革新创造风气、求真务实风气，使创新智慧竞相迸发、创新能量充分释放、创新成果大量涌现。要在创新实践中全面提升职工队伍整体素质，培养更多掌握新知识、新技能、新本领的知识型工人和一线创新人才，为建设创新型国家和创新型企业充分施展才华。”

2014年起，中华全国总工会认真贯彻党的十八大、十八届三中、四中全会和习近平总书记系列重要讲话精神，按照《国务院办公厅关于强化企业技术创新主体地位全面提升企业创新能力的意见》和《贯彻落实国办8号文件推进企业技术创新工作重点任务》的要求，深入实施国家技术创新工程，指导各级工会广泛深入开展职工技术创新活动和素质提升活动，动员广大职工为提高企业自主创新能力、建设创新型企业和创新型国家贡献力量。

随后，按照国家技术创新工程总体实施方案的要求，职工、企业与有关部门一起推进以企业为主体、市场为导向、产学研相结合的技术创新体系建设。职工技术创新活动、劳模创新工作室创建、开展创新发展劳动竞赛等一系列举措竞相实施，各类成果逐步显现。

2011年10月，以我的名字命名的“高凤林技能大师工作室”正式成立。我们的工作室是人力资源和社会保障部首批授牌成立的国家级技能大师工作室，并于2017年11月获得了中华全国总工会首批授与的全国示范性劳模和工匠人才创新工作室称号。工作室既保留了传统师带徒的授业方式，又有专家、教授、技工的结合，同时又拓展了六种传承模式；既有利于技能人才的培训，也有利于实现科学、技术与工程之间的相互贯通。

多年来，我跟自己的师父们一样，毫无保留地把自己积累的丰富经验传授给年轻人。我会指导徒弟如何掌握好焊接的工艺控制过程，来达到最佳焊接效果。针对出现的问题，我会帮助找准病因，对症下药，帮助徒弟举一反三。

技能大师工作室自成立以来，在完成型号产品的研制生产任务方面开展了众多攻关项目课题研究。同时，我们还注重成员对技术工作的总结、提炼，推广工作室高技术人才的绝技绝活等创新成果，推动行业的快速发展。如今，我所在班组的19名组员中有6名全国技术能手、2名中央企业技术能手和1名航天技术能手。

成功总是青睐运用知识、积极实践，并坚持不懈努力追求的人们。作为一名产业工人、一名技术工人，我们应当积极参与到创新型企业、创新型国家的建设中去，实现人生的价值，贡献自己的力量。

亲爱的朋友，年轻的你自然也应该有创新精神。愿你在未来的日子里，多思考、勤耕耘，实现更加美好的“出彩人生”！

你的朋友 高凤林

2020年6月10日

高凤林技能大师工作室